Lettre Confidentielle de Louis Philippe,

Roi des français,

à son bien-aimé Cousin Nicolas,

Empereur de toutes les Russies.

En France, février,

1833.

LEO IN BELLO IN PACE COLUMBA

Lettre

CONFIDENTIELLE

DE S. M. LOUIS-PHILIPPE Ier,

ROI DES FRANÇAIS,

A SON BIEN AIMÉ COUSIN NICOLAS,

Empereur de toutes les Russies.

EN FRANCE, FÉVRIER 1833.

CHEZ LES PRINCIPAUX LIBRAIRES.

Conformément à la loi, deux exemplaires de cet ouvrage ayant été déposés à la préfecture de........, je déclare que je poursuivrai devant les tribunaux tout imprimeur, libraire ou distributeur d'édition non revêtue de la signature ci dessous:

Joseph Beuf.

LETTRE
CONFIDENTIELLE.

MON FRÈRE ET MON COUSIN,

La calomnie m'a tellement noirci à vos yeux; elle a distillé tant de poisons sur tous les actes de ma vie, que je ne saurais mieux me justifier qu'en vous rappelant *tout mon passé*, *tout mon présent et tout mon avenir*.

Et d'abord, pour que ma justification soit complète, il faut que je prenne les choses d'un peu haut. --- Les rois, mes cousins, m'ont souvent reproché, ainsi qu'à mon père, d'avoir troqué notre nom de d'Orléans contre celui d'*Egalité* (1); --- de nous être affiliés à la société des Jacobins et à toutes les autres sociétés démagogiques; --- d'avoir porté les armes contre les émigrés et d'avoir voté la mort de Louis XVI (2); -- d'avoir juré amour et fidélité à la répu-

---

(1) *Extrait du registre de la commune de Paris*, *du* 17 *septembre* 1792:
« *Sur la demande* de Louis-Philippe-Joseph, prince français, le conseil général arrête : 1° Louis-Philippe-Joseph et *sa postérité porteront désormais*, *pour nom de famille*, ÉGALITÉ; 2° Louis-Philippe-Joseph Egalité est autorisé à faire faire, soit sur les registres publics, soit sur les actes notariés, mention du présent arrêté. * (Note de l'éditeur).

(2) Voici le vote textuel de mon père, dans le procès de Louis XVI :
« Uniquement occupé de mon devoir, convaincu que tous ceux qui ont attenté ou *attenteront par la suite à la souveraineté du peuple méritent la mort*, je vote la mort!! — Sourde rumeur. (*Moniteur*).

Lorsqu'il se présenta à la tribune, un mouvement d'étonnement et d'inquiétude se manifesta dans une grande partie de l'assemblée; il prononça son vote sans aucune émotion, et retourna tranquillement à sa place, sans paraître s'apercevoir de la vive sensation qu'il venait de produire sur la majorité des assistans. — Moi, je fus chassé d'une tribune comme tapageur, pour avoir applaudi à son vote avec trop d'affectation. (Note de Louis-Philippe).

* « A l'armée, le duc de Chartres (aujourd'hui Louis-Philippe Ier), se « faisait honneur du nom d'*Egalité* parmi les soldats. Lorsqu'il eut dé- « serté, des officiers autrichiens lui témoignant qu'ils ne concevaient « pas comment il avait eu l'ame assez basse pour changer le nom de ses « aïeux, il leur répondit : *Je n'avais pris ce nom que pour mettre dedans les* « *badauds de Paris.* » (*Histoire de la conjuration d'Orléans*, *Paris*, 1800, *t.* 6, *p.* 114).
(Note de l'éditeur).

blique une et indivisible et haine et mépris aux rois et à la royauté, etc., etc.; --- tout cela en apparence est très condamnable; mais, mon père et moi (je le jure sur l'honneur et sur son tombeau!), nous n'avons jamais eu dans toutes ces démonstrations calculées qu'un seul et unique but: celui de *sauver la royauté à tout prix*! Combien n'eûmes-nous pas à trembler pour nos cousins d'Europe quand nous vîmes Louis XVI si faible aux journées des 5 et 6 octobre, si faible au 20 juin et surtout au 10 août, regardant superstitieusement l'effusion du sang du peuple comme un crime, et préférant perdre sa couronne plutôt que de se résoudre à châtier d'insolens sujets.

Dans cette occurence, mon père et moi jugeâmes à propos de nous *sans-culottiser* au plus vîte, afin de gagner la confiance des révolutionnaires, et par ce moyen, diriger au profit des rois d'Europe et d'une dynastie plus ferme, cette exécrable révolution amenée par les gaucheries de Louis XVI.

Mon père, qu'on a fait si bête, prévoyait cependant très bien qu'en affectant un patriotisme exalté et en poussant la révolution dans des voies sanglantes on était maître du terrain. Aussi, tandis que d'une part il faisait les motions les plus populaires dans les clubs, et s'enivrait avec tous les sans-culottes et avec toutes les tricoteuses du *quartier Honoré*; d'autre part, il ameutait les *Chaumette et les Hébert* (1) contre les républicains modérés; et marchait ainsi

---

(1) Quoiqu'on n'eût pas besoin de l'aveu de *Louis-Philippe*, pour savoir quel parti mit en œuvre la hideuse faction de *Chaumette et d'Hébert*, et la fit se ruer dans la république pour avilir le régime républicain par les excès les plus scandaleux, y compris ceux de la *mascarade de la déprêtrisation et des fêtes de la Déesse-Raison*, il n'est pas moins nécessaire de rapprocher de cet aveu *un fait qui parle haut*, *fait vivant* et très propre à jeter une grande lumière, et sur *Chaumette, et sur Hébert*, *et sur leurs créatures*, car *Hébert et Chaumette avaient des créatures*.

A Lyon, surtout, ils en comptaient plusieurs: *la Parent*, *l'Armand Tison*, *la Fanchette, etc., etc.*: et LA FAMEUSE SAIN-ROUSSET. Je me borne à citer quelques-unes des prouesses de cette dernière, parce qu'elle l'emporta de beaucoup sur les autres en dévergondage, et que *le nom qu'elle porte aujourd'hui*, la position qu'elle occupe dans le monde, et celle qu'y occupe son fils, établissent de la manière la plus incontestable, que *la clique d'Hébert* travaillait comme lui à l'avilissement de la république, et au retour de la monarchie et de ses oripeaux. Dans le temps, donc, *la Sain-Rousset* était une bonne et solide tricoteuse reproduisant les motions d'Hébert, et lisant le père Duchesne dans les sections et dans les

à la *contre-révolution* par des mesures *ultra-révolutionnaires.* Au nombre des créatures qu'il était parvenu à mettre dans notre parti, je vous citerai encore *Vincent*, *Proly*, *Cloots*, *Momoro et Ronsin;* mais ce fut inutilement qu'il tenta de séduire *Marat*, il n'obtint de cet homme singulier que des mépris insultans.

De mon côté, je n'étais pas inactif et secondais mon père de mon mieux; car tous les jours, le bonnet rouge sur la tête, la carmagnole sur le dos, et aux pieds les sabots ferrés du sans-culotte, je motionnais dans les clubs et dénonçais dans les sections, quand je n'étais pas obligé de me défendre moi-même contre les aboyeurs des tribunes, qui à tous propos me rappelaient mon *ci-devant rang*, — bien que pas un d'eux n'ignorât que j'avais brûlé tous mes titres en présence du peuple dans le *faubourg*

---

clubs, ayant grand soin d'accentuer fortement les b...... et les f...... dont cette feuille était farcie. — Ce n'est pas tout : Hébert, sous le prétexte de fêter la Raison, organisa ces scènes ignobles qui partout firent répandre tant de sang; — notre tricoteuse, voulant être digne de son patron Hébert, grimpe sur un char, les épaules et le sein découverts, une petite guillotine en ivoire accrochée à sa ceinture, et dans la main droite, une bannière portant cette inscription burlesque : *SainteChicorée, vierge et martyre, priez pour nous!* allusion aux nouveaux noms du calendrier républicain!

Encore un trait de la vie de ma tricoteuse, et je vous dirai son nouveau nom, son adresse et son nouvel état dans le monde. Un jour que dans un club, elle prônait l'athéisme à l'imitation d'Hébert, un pauvre ouvrier qui avait lu Voltaire lui fit cette citation :

Si Dieu n'existait pas, il faudrait l'inventer.

Mais B..... d'imbécille, lui répliqua-t-elle, *la divinité, c'est toi, c'est moi, c'est une carotte, c'est toute la nature, et voila!*

Ma tricoteuse, donc, pour que vous la connaissiez bien, demeure aujourd'hui dans un bel hôtel, à elle appartenant, au coin de la rue des Deux-Maisons, place Bellecour, et porte le nom de *baronne de Waushonne.* Elle a de 90 à 100 mille livres de rentes. Elle ne lit plus le père Duchesne, elle lit le *Courrier de Lyon*; et son fils, tout aussi bien baron qu'elle est baronne, est procureur du roi à Villefranche (Rhône). Si Hébert vivait, probablement il s'appellerait M. le vicomte d'Hébert, et comme madame la baronne, il irait aux bals du préfet.

Loin de moi l'idée d'avoir voulu faire du scandale en remuant cette boue du passé! mais il m'a semblé utile d'apprendre aux gens de bonne foi que les actes honteux de la révolution *appartiennent* à l'aristocratie qui aujourd'hui la calomnie.

Mais, pour donner une idée plus juste d'Hébert et par conséquent de ceux qui se firent ses ignobles imitateurs, je ne saurai mieux faire que de citer un fragment du *vieux cordelier*, de l'intègre et du courageux *Camille Desmoulins* :

Antoine, et qu'à la suite de cet *auto-da-fé*, la société des droits de l'homme me portât en triomphe à la société des jacobins, où je reçus l'accolade fraternelle de *Collot-d'Herbois*, de *Panis*, de *Sergent* et du *père Duchesne*, au milieu des cris mille fois répétés: *Vive le jacobin Egalité! Vive le sans-culotte Egalité!*

C'est surtout à cette époque, mon cher cousin, que j'ai eu l'occasion de remarquer combien le peuple est capricieux. Un jour j'obtenais que le buste de mon père fût promené dans les rues derrière celui de Marat, et le lendemain, quelquefois dans la même journée, mon père recevait de la boue au visage de ceux-là même qui l'avaient porté. Cependant, bien loin de nous décourager, nous redoublâmes au contraire d'activité et de ruses; et à l'aide de la réputation de patriotisme que nous avions acquise par nos motions, par nos dénonciations, et surtout par les abondantes distributions d'assignats, nous parvînmes, mal-

---

« Serait-ce à titre d'écrivain et de bel esprit que tu prétends, Hébert, « être le dictateur de l'opinion aux jacobins? Mais y a-t-il rien de « plus dégoûtant, de plus ordurier que la plupart de tes feuilles? Ne sais-« tu donc pas, Hébert, que quand les tyrans d'Europe veulent avilir la « république; quand ils veulent faire croire à leurs esclaves que la « France est couverte des ténèbres de la barbarie, que Paris, cette ville « si vantée par son atticisme et son goût, est peuplé de Vandales; ne « sais-tu pas, malheureux, que ce sont des lambeaux de tes feuilles qu'ils « insèrent dans leurs gazettes, comme si le peuple était aussi bête, aussi « ignorant que tu voudrais le faire croire à M. Pitt; comme si on ne « pouvait lui parler qu'un langage aussi grossier; comme si c'était-là le « langage de la convention et du comité du salut public; comme si tes « saletés étaient celles de la nation; comme si un égoût de Paris était la « Seine. »

Plus loin il ajoute:

« Croit-on que, même sur l'échafaud, soutenu de ce sentiment intime « que j'ai aimé avec passion ma patrie et la république, soutenu de ce « témoignage éternel des siècles, environné de l'estime et des regrets de « tous les vrais républicains, je voulusse changer mon supplice contre « la fortune de ce misérable Hébert, qui, dans sa feuille, pousse au « désespoir vingt classes de citoyens et plus de trois millions de Français, « auxquels il dit anathème, et qu'il enveloppe en masse dans une pros-« cription commune; qui, pour s'étourdir sur ses remords et ses calom-« nies, a besoin de se procurer une ivresse plus forte que celle du vin et « de lécher sans cesse le sang au pied de la guillotine? »

(*Note de l'éditeur.*)

Pour plus amples renseignemens sur *l'ex-Déesse-Raison Sain-Rousset*, aujourd'hui *baronne de Wausshone*, et sur *l'ex-sans-culotte Sain-Rousset*, également *baron de Wausshonne*. Voir les journaux du temps, notamment la feuille de *Pelzin*.

gré les cabales des purs jacobins : mon père à être représentant du peuple à la convention, -- moi, colonel d'un régiment de chasseurs.

La conduite de mon père à la convention fut on ne peut plus conséquente à sa conduite dans les clubs. Jamais il ne se laissa décourager ni par les sarcasmes de *Desmoulins*, ni par les emportemens de *Guadet*, ni par les apostrophes de *Louvet*, ni par les sorties virulentes de *Lanjuinais*. Il écoutait tout, calme et impassible, et ne défiait ses ennemis que par son silence ; quelquefois, cependant, pressé trop vivement, il dut écarter des soupçons qui prenaient trop de consistance. C'est dans une de ces occasions délicates que jouant son rôle à ravir, il s'écria avec l'accent d'une indignation feinte : *On m'accuse d'aspirer à la royauté? je déclare que je ne suis lié d'amitié ni d'intrigues avec aucun membre de la convention ; n'estimant que ceux qui veulent la république, et la veulent une et indivisible et qui, contens d'établir la liberté, ne cherchent point à envahir le pouvoir* : je n'estime que ceux-là ! *Plusieurs d'entre vous*, ajouta-t-il, *ont prononcé à cette tribune, qu'ils immoleraient le premier à qui ils verraient des projets ambitieux ; je pense de même, et dans ce cas*, J'IMMOLERAI CE QUE J'AI DE PLUS CHER ! c'est de moi qu'il entendait parler, faisant allusion à certains bruits encore vagues, relatifs au projet conçu entre Dumouriez, mon père et moi.

Néanmoins, cette déclaration énergique ne produisit pas tout l'effet que nous nous en étions promis. Les *girondins* la taxèrent de pasquinade, et les *montagnards* d'effronterie : à la société des jacobins et à celle des cordeliers, au club des feuillans et à celui des sans-culottes, il essaya de la renouveler ; partout on le hua, partout on cria : à bas l'aristocrate ! à bas le ci-devant prince ! à bas le ci-devant Bourbon ! --- Je ne suis pas un ci-devant Bourbon, ni un ci-devant prince, répondit froidement mon père, JE SUIS LE FILS D'UN COCHER ! MONTFORT LE COCHER EST MON PERE !... ---*à l'ordre, Egalité ! à l'ordre l'insolent qui insulte le corps des cochers !* hurlèrent cinq ou six auditeurs, appartenant sans doute à cette profession......

Ce fut donc vainement que par son vote dans le procès

de Louis XVI, mon père donna en apparence la plus grande preuve de haine contre la royauté (1), — ce fut donc vainement qu'il renia *son nom*, *son père*, *et débaptisa ses châteaux* (2) — ce fut donc vainement encore qu'il se sans-culottisa et fraternisa avec les plus sales rebuts des factieux; — en horreur aux républicains entêtés (3), méprisé des royalistes qui ne le comprenaient pas, haï de presque tous ses collègues de la montagne, comme un ci-devant, et calomnié par tous (4), il dut périr victime de son inébranlable dévoûment au principe monarchique.

---

(1) La royauté lui souriait parfois, car un jour, daus un moment d'indiscrétion, il s'avisa de dire à Poulthier, membre de la convention: *Que me demanderas-tu quand je serai roi? — Je te demanderai un pistolet pour te brûler la cervelle!* (Note de l'éditeur.)

(2) *Sur sa demande*, le conseil général de la commune arrêta, le 17 septembre 1792, que le jardin connu sous le nom de Palais-Royal, s'appellerait désormais *jardin de la révolution.* (Note de l'éditeur).

(3) Dans la question de l'appel au peuple, Barbaroux de Marseille dit : « Je vote pour la sanction du peuple, afin que le peuple exerce sa souveraineté, et qu'il écrase par la manifestation de sa volonté suprême, une faction *au milieu de laquelle je vois d'Orléans*, et que *je dénonce à la république en me vouant avec tranquillité aux poignards de ses assassins.* »

Dans la même question, Dupat dit: « Je respecte toutes les opinions; cependant, une nouvelle considération *m'a frappé tout-à-l'heure en faveur de la sanction du peuple;* et je dis *oui* AVEC D'AUTANT PLUS DE CONFIANCE, *qu'Egalité a dit non.* »

Salles de la Meurthe, en prononçant son vote, ajouta : *Heureusement que Louis Capet nous laisse, de tous ses pàrens, celui qui peut le mieux dégoûter de la royauté.*

Le 22 janvier 1793, *Claude Fauchet, évêque du Calvados, et membre de la convention*, adressa à Egalité la lettre suivante:

« Philippe, tu as voté le supplice de Louis Capet; il est mort sur l'échafaud; tu jouis. Je veux troubler ta joie par le seul moyen qui puisse toucher ton cœur. Tu me dois douze cents livres depuis l'oraison funèbre que j'ai faite de ton père; je te les demande. D'après le désir que tu manifestas, je distribuai dans ta maison six cents exemplaires de cet ouvrage sur papier d'Hollande. Les exemplaires en papier commun se vendaient trente sols; ceux-ci valaient dix sols de plus. Tu ne m'as pas offert une épingle. Paie-moi les cinquante louis dont tu m'es débiteur. Si tu ne le fais pas, j'imprimerai cette lettre et j'annoterai ton silence. »

CLAUDE FAUCHET, *évêque du Calvados, membre de la convention.*

Paris, rue Chabannès, n. 47, le 22 janvier 1793, l'an premier de la république. (Note de l'éditeur).

(4) Lorsque mon père faisait bâtir le Palais-Royal, on mit l'affiche suivante au bas de son grand escalier : *Si le duc d'Orléans veut s'enrichir, qu'il mette un tronc à l'entrée de son jardin, avec invitation à tous ceux qui le méprisent d'y mettre un sou, il sera dans peu le plus riche particulier du royaume.* (Note de Louis-Philippe).

Pendant que mon père agissait à Paris, moi, à l'armée de Dumouriez, je le secondais de tout mon pouvoir en renchérissant de républicanisme sur les plus chauds républicains. Aussi, la convention ne voyant que mon zèle et ne pénétrant pas mes projets, me protégeait-elle vivement, et me décora-t-elle du grade de général de brigade.

C'était beaucoup, mais ce n'était pas tout; car il me restait à sonder les intentions de ceux que j'approchais et à me ménager leur appui; enfin, je fis si bien et usai de tant d'adresse, qu'au bout de très peu de temps, et à l'aide de belles promesses, je parvins à en ébranler un grand nombre que je décidai à marcher sur Paris et sur la convention, -- projet hardi qui échoua par l'arrivée subite de Beurnonville, ministre de la guerre, et de Camus, Quinette, Bancal et Lamarque, députés par la convention, instruite de tout. — Les retenir prisonniers, et les livrer à mes bons cousins les rois d'Europe, — adresser des proclamations à l'armée, aux administrateurs de départemens, à toute la France, en annonçant mon intention de me porter sur Paris pour faire cesser l'anarchie et le brigandage et rétablir la constitution de 91 (que je ne voulais pas du tout rétablir), tout cela fut l'affaire d'un instant; mais malheureusement, l'armée, la magistrature et la France ne répondirent à mon appel que par un cri de rage révolutionnaire.

A ces nouvelles la convention se constitue en permanence, elle me déclare traître à la patrie, me met hors la loi et assure une récompense à ceux qui m'amèneront mort ou vif à Paris. Mon père, pour continuer son rôle, invoque vainement à la tribune de la convention l'ombre de Brutus, en déclarant *qu'il me poignardera de ses propres mains* : gardé à vue d'abord, il est bientôt décrété d'arrestation (1).

---

(1) « A peine ce décret fut rendu que des gens envoyés par la muni-
« cipalité vinrent se saisir de la personne de d'Orléans; on ne sait trop
« ce qu'il machinait, ce qu'il projettait encore, mais on le trouva oc-
« cupé à vendre son linge de corps. »

« A la vue des fusiliers qui venaient l'arrêter, il pâlit et s'évanouit;
« revenu à lui, il fut conduit à la mairie; là il se lamenta, il pleura,
« il supplia à genoux, les mains jointes qu'on lui permît d'écrire à la
« convention. La faveur qu'il demandait lui ayant été accordée, il rap-
« pela à la convention sa déclaration solennelle à la société des Jaco-

O mon bien-aimé cousin, ce n'est jamais sans un vif sentiment de plaisir, bien légitime sans doute, que je relis cette fameuse séance de la convention du 6 *avril* 1793, *où à l'unanimité* mon nom fut voué à l'exécration des républicains! Permettez-moi, je vous prie, de mettre sous vos yeux une partie du discours que Boyer-Fonfrède prononça à cette occasion, car là seulement se trouve l'appréciation exacte de ma conduite, et celle des services que j'ai eu le bonheur de rendre aux rois et à la royauté!

« *Lorsque vous avez appris*, dit Boyer-Fonfrède, *que* « *les trois généraux Dumouriez, Valence, et Égalité*, « (Égalité, c'est moi! à cette époque, *citoyen Égalité*; aujourd'hui, Louis-Philippe Ier, roi des Français), *venaient* « *de consommer leurs crimes et longues trahisons en* « *passant à l'ennemi, une indignation égale a passé dans* « *tous les cœurs.*

« *Les républiques ne subsistent que par les vertus; les* « *princes ne méditent et ne vivent que de crimes; corrom-* « *pus dans les cours, ils corrompent vos soldats dans les* « *camps; il n'est pour eux ni foi, ni serment, et c'est en* « *profanant le nom sacré de patrie qu'ils aspirent en se-* « *cret à devenir un jour vos maîtres!* VOYEZ CE JEUNE « ÉGALITÉ! (c'est encore moi!) *il fut comblé des fa-* « *veurs de la république; il était du sang de vos tyrans* « *et malgré cette tache d'infamie, il commandait vos ar-* « *mées!... Eh bien!* IL CONSPIRE, IL FUIT, IL PASSE « A L'ENNEMI! (retenez bien ces trois mots, mon cousin)! « *Les traîtres qui servaient cette famille à laquelle nous* « *avions livré par je ne sais quel aveuglement nos flottes* « *et nos ports, ont conduit nos collégues à Maëstrich;* « *ils sont au pouvoir des rois nos ennemis! Citoyens! les*

« bins, conçue en ces termes: *Qu'il n'était point le fils du dernier duc* « *d'Orléans; que l'opinion publique qui voulait qu'il dût le jour à un va-* « *let d'écurie, disait la vérité, qu'il était notoire que son grand-père n'avait* « *jamais voulu le reconnaître pour un membre de sa famille, pour un* « *bourbon; qu'il n'était pas moins notoire que sa mère n'avait jamais res-* « *pecté l'union conjugale; qu'il avouait avec le public qu'il était le fruit* « *d'un des adultères de cette Messaline; enfin que, s'appelant Egalité et* « *non Bourbon, il devait échapper au décret qui frappait les Bourbons.* »

(*Histoire de la conjuration d'Égalité; Paris,* 1800, *tome* 6, *pages* 113 *et* 123.)

(Note de l'éditeur.)

« *princes au moins pour les forfaits sont parens! Conser-*
« *vons donc tous ces Bourbons en ôtage!* ET SI LES TY-
« RANS QU'EST ALLÉ REJOINDRE ÉGALITÉ AUX-
« QUELS IL A LIVRÉ NOS COLLÈGUES (vous le
« voyez, mon cousin, c'est moi qui ai livré ces quatre con-
« ventionnels), *osent, au mépris du droit des gens, porter*
« *sur les représentans du peuple français un fer assassin*,
« *que tous ces Bourbons soient à l'instant traînés au sup-*
« *plice! Qu'ils disparaissent de la vie comme la royauté*
« *a disparu de la république et que la terre de la liberté*
« *n'ait plus à supporter leur exécrable existence.* »

C'est précisément ce qui arriva, et je m'y attendais! car je savais très bien qu'en m'emparant de ces quatre conventionnels et en levant l'étendard de la révolte contre la république, je livrais sans défense mon père à la hache révolutionnaire; — mais outre que les intérêts de la royauté ne m'avaient pas permis de m'arrêter à *de fragiles considérations de famille*, je *me débarrassais encore d'un rival dangereux et incommode.*

Voila ma réponse, mon cher cousin, à toutes ces infâmes calomnies de républicanisme, de sans-culottisme, etc., etc., il me serait trop facile de multiplier ces citations à l'infini, et de vous transcrire cent passages du *Moniteur*, où je suis traité de *déserteur*, de *lâche*, de *transfuge*, de *renégat*, d'*espion*, et autres épithètes dont je m'honore; mais je crois que c'est assez de ces détails sur cette première époque de ma vie et que vous *me pardonnerez Valmy et Jemmapes*, *puisqu'il vous est prouvé par les documens les moins irrécusables que j'agissais dans les intérêts des trônes et contre l'ambition de quelques républicains, poignée de factieux.*

Avant de passer plus loin, permettez-moi encore, mon cousin, de donner un démenti à d'autres calomnies non moins affreuses que les premières et répétées jusqu'au dégoût: que pendant mon exil, j'ai refusé toute offrande d'argent des cours étrangères; — que j'ai également refusé de porter les armes contre la France; — quelle infamie! relativement à la première de ces imputations, il m'est trop facile de la détruire; car je puis prouver que plus d'une fois mes cousins d'Autriche, d'Angleterre et de Prusse m'ont ouvert leur bourse, et que j'y ai puisé sans ménagement comme mes *cousins* d'*Artois*, de *Berry*, d'*Angoulême* et de *Provence*. -- Quant à la seconde, tellement atroce qu'elle en est ridicule, comment a-t-on pu la mettre en circulation au mépris du *Moniteur*, au mépris de l'histoire dont heureusement on ne peut récuser les témoignages? Qui? MOI! *j'ai refusé de porter les armes contre la France?*... ET EN 1811, EN ESPAGNE, QU'AI-JE DONC FAIT?.... Que voulais-je faire?.... Au reste, qu'on demande à lord Wellington, qu'on demande encore aux inquisiteurs d'Espagne, si j'ai refusé de porter les armes contre la France!... Voila mes garans!

Quant à ma conduite sous la restauration, elle a presque toujours été toute de réserve et d'observation (1); -- cependant, comme ma qualité de prince du sang me donnait le droit de conspirer, JE ME FIS RECEVOIR CARBONARO en 1821 et dépêchai *Manuel* à Lyon, afin d'engager *la vente de cette ville et toutes celles du Midi* à travailler à me pousser au trône. Pour les décider à agir promptement il leur offrit EN MON NOM UN CRÉDIT DE SIX MILLIONS ET L'APPUI DE DEUX GENÉRAUX; mais ce fut inutilement: la vente de Lyon, lui répondit nettement qu'elle ne s'occuperait jamais *à faire des rois*, *mais bien à les défaire*.

Dès-lors, *la vente de Lyon et toutes celles du Midi* me devinrent suspectes d'anarchie, aussi me contentai-je d'entretenir le feu sacré dans celle de Paris, où *mes cousins carbonari Barthe*, *Cousin*, *Schonen* et quelques autres, m'étaient journellement d'un grand secours.

Ne voulant laisser à réfuter aucune des calomnies dirigées contre moi, je vous jure, mon cousin, que Louvel qu'on a peint comme un habitué de ma maison, y est

---

(1) Il ne faut pas cependant perdre de vue que le premier, au retour de l'émigration, j'attaquai devant les tribunaux les ventes faites par la convention, témoins les procès que j'intentai dans le temps à MM. *Julien*, *Méot*, etc. que je fis payer par le peuple toutes les dettes de mon père; que je donnai l'idée du milliard de l'indemnité, sur lequel j'ai touché pour ma part 16 millions; que je sus reprendre tous les apanages de ma maison tombés dans le domaine de l'état; que je dépossédai en 1826, trois communes du Calvados, de leurs nombreux pâturages, au moyen de quelques centaines de coups de fusil que je fis tirer sur les pâtres et sur les bestiaux; etc. etc. *des pages d'et cœtera.*

(*Note de Louis-Philippe.*)

venu dix ou douze fois tout au plus, et que nos entretiens n'ont jamais duré plus d'une heure chaque fois.

Par la franchise de ces aveux, vous devez voir que je ne vous cache absolument rien; permettez-moi donc de vous faire connaître l'état de la monarchie au commencement et à la fin de la restauration.

Il ne faut pas se le dissimuler: Louis XVIII commit une grande faute en octroyant sa charte. Par cet octroi il apporta l'anarchie dans le royaume. Un bon parlement qui eût remplacé le sénat, c'était tout ce qu'il fallait pour voter les impôts et faire les lois; — quand je dis voter les impôts et faire les lois, j'entends dire qu'il eût voté de confiance les projets de finances et les projets de lois préparés par des serviteurs dévoués et fidèles.

Au lieu de cela, que fait-il? il octroie une charte où les principes les plus anarchiques sont érigés en droit; il consacre la liberté de la presse, véritable plaie d'un gouvernement, il proclame tous les Français égaux devant la loi; il transforme en législateurs des gens de rien, de petits propriétaires sans naissance, etc. etc. — Ne me dites pas, mon cher cousin, ce que je sais comme vous, qu'un tel engagement entre un roi et son peuple est une chose plus bouffonne que sérieuse et que, de tous les gouvernemens, le représentatif, organisé comme celui de France, est le plus productif de tous; — oui, il est productif, très productif même, j'en conviens, mais il est dangereux dans des mains faibles et vacillantes; Louis XVI et Charles X l'ont appris à leurs dépens.

A la vérité, Charles X, avec une volonté plus ferme et surtout plus immuable, et avec les prérogatives qui lui restaient, pouvait reprendre habilement celles dont la royauté s'était dessaisie. Appuyé par l'étranger, par sa garde, par ses préfets et par ses présidens de colléges électoraux, il pouvait tenter bien des choses; mais quand je le vis réprimer si mollement les émeutes de la rue St-Denis; faire à grand'peine une centaine de procès par année aux journaux révolutionnaires; permettre des discussions sur l'article 14; repousser de ses conseils : *Dupin*, *Périer*, *Thiers*, *Schonen*, *Sébastiani*, *Barthe* et *Gisquet*; défendre à Vidocq la police politique, et le laisser moisir à la police de sureté ; appréhender de toucher à la charte et tâtonner pendant des années entières, avant d'oser faire ce qu'on appelle un coup d'état ; quand je vis tout cela, dis-je, je vis la royauté perdue, deshonorée, avilie, et je préparai à la hâte les moyens de la sauver.

Je ne vous entretiendrai pas, mon cher cousin, de tous les autres préliminaires de la catastrophe ; je ne vous parlerai pas par exemple de cette adresse qu'on a appelé fameuse, et que j'appelle, moi, archi-jacobine ; je ne vous parlerai pas non plus de l'imprévoyance de mon cousin Charles, relativement aux troupes qu'il avait négligé d'agglomérer dans Paris et dans les environs de Paris ; enfin, je ne vous parlerai même pas de sa faute capitale, sa retraite à Rambouillet, car, si au lieu d'attendre là les événemens, il eût monté à cheval comme moi dans les journées de juin et encouragé du geste et de la voix et à prix d'argent, les soldats et la garde nationale ; tout était réparé !

Vous ne vous en doutez peut-être pas, mon cousin, mais c'est la vérité pure, avec ces trois mots : *liberté*, *ordre public*, je mène par le nez ma garde nationale de Paris. Il est bon de vous dire cependant que malgré sa crédulité j'ai jugé convenable *d'en enrôler trente mille aux frais des fonds secrets qui comptent cent sous par jour à chaque homme, non compris les gratifications et les décorations que je leur remets lorsqu'ils chargent bien les anarchistes.*

Mais j'oubliais de vous dire que Charles x avait eu l'imprévoyance de dissoudre cet estimable corps. Quelle faute ! quelle faute ! on peut le dire, parce que cela est vrai, sans cette mesure impolitique, il habiterait encore le château des Tuileries, parce que la garde nationale de Paris n'est *ni royaliste ni républicaine ; elle est pour l'ordre des rues, qu'elle achèterait au prix du plus grand désordre et de la plus effroyable extermination : voila ce que j'ai parfaitement compris, moi!*

A présent, mon cousin, sans autre digression j'arrive à la publication des ordonnances de juillet, belle œuvre s'il en fut, mesquine cependant, et remède impuissant à contenir les aboyeurs révolutionnaires. Mais c'est ici que vont apparaître dans tout leur jour les faiblesses et la pusillanimité de mon cousin Charles. — La ville, théâtre présumé du combat, dégarnie de soldats, — des ordres indécis, des demi-mesures, des lenteurs, des temporisations; au lieu de fondre sur le peuple et de le massacrer sans pitié, on lui tire à peine quelques coups de fusils et un ou deux coups de canon; — des hommes à la tête d'une batterie placée dans le jardin des Tuileries, restent inoffensifs quoique la canaille les crible de balles; partout la même hésitation à se défendre et partout la même audace à attaquer; une mise en état de siège qui ne s'exécute pas, des cours prévôtales qui ne condamnent pas, et le bourreau qui joue à l'écarté avec son gendre au lieu de.... Convenez de bonne foi, mon cher cousin, que l'affaire fut très mal conduite.

Pendant que le trône de St-Louis croulait sous les coups redoublés de la fusillade et des pavés, moi, tristement retiré dans mon château de Neuilly, je gémissais sur cette calamité, cherchant dans ma tête le moyen d'arracher l'Europe à une commotion violente, et la France à une république, qui cette fois eût pris de profondes racines, quoi qu'on dise. Séparé de la plus grande partie de mes créatures qui, pour la plupart se cachaient, je n'osais rien tenter, rien entreprendre; enfin, au moment le plus critique pour moi, je vois arriver l'aîné des trois Dupin, à pied et en gros souliers. — Venez, venez, me dit-il, d'un ton très essouflé : Tout va bien! le peuple demande la république à grands cris; répète partout : *Plus de Bourbons !* mais c'est égal : Lafayette et Laffite sont pour nous; et avec ces deux hommes, on fera du peuple tout ce qu'on voudra! il est prudent cependant de ne pas parler encore de royauté, ce serait tout gâter; nous vous proclamerons purement et simplement lieutenant-général; ce titre n'effraiera personne. Votre journal le *National* a déja pris les devans en faisant tirer et répandre à trois cent mille exemplaires une certaine lettre de Paul-Louis Courier où il est beaucoup question de vous; elle a produit son effet. Quant au *Constitutionnel*, il ne faut pas le compter; il sera ou républicain, ou carliste, ou orléaniste, suivant les circonstances; et quoiqu'il ait fait sa soumission aux ordonnances, si vous réussissez, sa nombreuse clientelle est à vous, je me charge de traiter cette affaire avec *Jay* et *Etienne*. -- Mais partons, le temps presse. Dupin et moi montons dans les omnibus de Courbevoie, et en moins d'une heure nous sommes sur la place de Grève. Un peuple immense l'encombrait et faisait retentir l'air du cri de vive la république ! j'avais le cœur dans un étau. Mes partisans réunis pendant le voyage de Dupin par les soins d'Audry de Puyraveau, de Laffite, d'Odilon-Barrot, de Thiers, etc., etc.; répondaient par: Vive le duc d'Orléans! ils hasardaient même: Vive le lieutenant-général*!* mais ce cri était faible, bien faible, et bientôt on ne l'eût plus entendu, si le vénérable Lafayette, calomnié comme moi (quoiqu'il ait mitraillé le peuple en 91 au Champ-de-Mars; quoiqu'il ait vingt fois proposé à Louis XVI, dans des lettres que tout le monde peut lire, de l'enlever de Paris et de l'y ramener un mois après, dicter tout à son aise des lois à l'assemblée législative; quoiqu'il ait encore après le 10 août refusé de faire prêter à ses troupes le serment de fidélité *à la nation et à la loi*, et qu'il ait fait arrêter à Sédan trois membres de la législative, députés par l'assemblée pour assister à cette cérémonie; enfin, quoiqu'après cet acte de courage, emportant seulement un mois de solde, *il ait abandonné son armée qui malgré la fuite de son général demeura fidèle à la nation*); bientôt, disais-je, on n'eût plus entendu ce cri, si le vénérable *Lafayette*, *qui n'est pas plus républicain que vous*, mon cousin, ne m'eût présenté au peuple en disant : *Mes amis*, *mes chers amis*, *croyez-moi*, *voila la meilleure des républiques* ! --- à quoi je répondis : *Je suis républicain*, *je l'ai toujours été !* --- Mais ! mais ! disent un grand nombre, et des garanties ? *Je suis un honnête homme*, ajoutai-je, *jamais je n'ai porté les armes contre la France ! jamais je n'ai déserté*, *jamais*....... (rien n'était plus faux, mais il fallait les gagner). Tout cela est bien bon, disent les hommes armés, mais il nous faut des garanties : il y a un programme; lisez-le : si vous l'adoptez, eh bien ! nous verrons ! *J'adopte tout ce que vous voudrez*, *mes chers camarades*, *tout* ! je savais bien ce que je faisais ! Enfin, après avoir embrassé Lafayette et Laffitte, je quitte l'Hôtel-de-Ville pour aller porter cette bonne nouvelle à ma femme, --- et tout le long de ma route de *chanter la Marseillaise, de donner des poignées de main à tout le monde et de boire des verres de réglisse à deux liards, comme le peuple!* Il le fallait, mon cousin, ces petites familiarités étaient nécessaires !..... et quand je pense que toutes ces petites grimaces ont sauvé les trônes et contenu les peuples dans leur devoir !....

Tout n'était pas fini pourtant; et si Charles x ne régnait plus, je ne régnais pas encore. Heureusement que les 221, auteurs d'une partie du mal, se mirent en hâte de le réparer autant que possible. Réunis dans la salle de leurs délibérations, ils débarrassèrent la charte de cinq ou six articles tout à fait inutiles et convinrent de me demander si à ces conditions je voulais régner sur les Français.

Pour être tout-à-fait exact, je vous dirai, mon cousin, que ces braves gens furent troublés dans leur œuvre par l'arrivée subite de mille à douze cents jeunes hommes armés jusqu'aux dents, qui vinrent leur demander au nom du peuple ce qu'ils bâclaient dans leur ténébreuse assemblée, ajoutant qu'ils étaient sans droits et sans pouvoirs depuis que leur maître Charles x ne régnait plus. -- Cette agression pouvait avoir des suites excessivement sérieuses. Heureusement que Lafayette était encore là, et ce bonhomme aidé de deux autres, Labbey de Pompières et Benjamin-Constant, je crois, assurèrent à ces jeunes gens que les droits du peuple restaient intacts *puisqu'on ne faisait et ne pouvait faire autre chose que du provisoire.* Retirez-vous, mes amis, ajouta tout seul Lafayette, le peuple a proclamé encore une fois sa souveraineté, CE NE SERA PAS NOUS SES AMIS QUI LA LUI RAVIRONS!

Les jeunes gens, trompés par ces fausses assurances, se retirent. Pour se débarrasser de leur présence importune, ainsi que de celle de beaucoup d'autres, on les fait partir pour Rambouillet : on suppose que des corps nombreux de troupes se dirigent sur Paris; moi, pendant ce temps, je visite les corps-de-garde et donne des paquets de cigarre aux ouvriers; je ne leur parle que programme, que république, que liberté, qu'égalité, etc., etc., et partout ils mordent à l'hameçon avec une crédulité qui m'enchante :

enfin, le 9 août arrive, j'endosse le frac de garde national, et les 221 me font roi par assis et levé.

Ma royauté, proclamée à Paris par 219 personnes, il me restait à la faire accepter à la France. Soit stupeur, soit étonnement, soit indignation muette, les républicains des départemens se taisent. Connaissant mieux les hommes que mon cousin Charles, je me hâte de câser dans de bons emplois tout ce qui a beuglé sous la restauration. Viennet Kératry, Villemain, et tant d'autres ne demandaient qu'à être achetés; je les achète, et par ce moyen je me débarrasse de leurs criailleries. De tous les départemens il m'arrive bientôt des nuées de solliciteurs embrigadés sous forme de députations : je n'en suis pas dupe, mais je les reçois comme telles, et les renvoie gorgées de places et de rubans (1).

---

(1) A propos de ces prétendues députations, je veux vous conter comme quoi j'en vis une, en 1830, s'organiser en plein air et grandir sous mes yeux. Je résiste d'autant moins au désir d'entrer dans quelques détails, que par l'histoire de celle-ci vous aurez à peu près l'histoire de toutes les autres. Voici le fait : Un des derniers jours du mois d'août, je flanais sous les arbres du Palais-Royal, sans trop regarder qui allait et venait, lorsque tout-à-coup j'aperçois un petit homme assez laid de figure, en noir de la tête aux pieds, ayant une large cocarde tricolore à son chapeau, un ruban tricolore à sa boutonnière, un ruban tricolore à la clé de sa montre, un ruban tricolore dit *de sûreté* par-dessus son gilet; et à ses souliers, au lieu de cordons noirs, des rubans tricolores, *je n'ajoute ni ne retranche*. Parbleu! dis-je en m'approchant un peu, voila bien le costume d'un solliciteur! Eh! oui, je ne me trompe pas, c'est Me Sauzet, avocat à Villefranche (Rhône), qui depuis si long-temps flaire une place de juge-auditeur ou de conseiller! Tudieu! si avec cet accoutrement et avec cette souplesse dont il a donné tant de preuves, il ne reluche pas quelques bribes de *la curée*, je n'y comprends plus rien. Pendant que je faisais ces réflexions, il est accosté par un homme caparaçonné à peu près comme lui. — Avez-vous une réponse favorable, lui dit Me Sauzet? — Comme hier, comme avant-hier. — Eh bien! mon cher baron, nos prévisions sont-elles justes? sommes-nous assez convaincus que les courbettes sont infructueuses? Encore une fois, croyez-moi, frappons le grand coup! organisons-nous en députation! — Mais ce ne serait pas légal. — Ce ne serait pas légal! nous sommes en révolution, n'est-ce pas? Eh bien! Caton, dont certainement vous ne contesterez pas l'autorité, a dit : *qu'en révolution il est permis de s'écarter des règles austères de la morale*, c'est-à-dire de la légalité. — Mais si la ville en envoie une? — Elle n'en enverra pas! Au reste, cela ferait deux au lieu d'une : voilà tout! et puis, songez donc que toutes les députations ressemblent à la nôtre; car nulle part le peuple n'a délégué de pouvoirs, et cependant toutes ces députations viennent, parlent et agissent au nom du peuple! — Autre difficulté : je ne suis pas de Villefranche, je ne l'ai même jamais habité! — Cela ne fait rien! — Encore une entrave : il faudrait que notre députation fût au moins de trois personnes! — C'est vrai, mais le hasard nous sert bien,

Pendant cette petite comédie, un mois s'écoule. Le peuple, bête comme toujours, pétitionne déja et me demande des réductions d'impôts, des suppressions de charges, la réalisation de ses prétendus droits, et me corne aux oreilles de la manière la plus indécente, mes promesses de l'Hôtel-de-Ville. N'étant pas encore assez bien assis pour lui répondre selon mes volontés, je le laisse dire : --- d'autres, et en très grand nombre, ne parlent rien moins que de se porter aux frontières, pour aider tous les peuples à imiter la canaille de Paris et à mettre l'Europe en feu; je dois encore fermer les yeux sur ces vœux atroces, je dois même laisser consommer des préparatifs d'armes, de départ, etc., etc., ma position était affreuse.

Ce qui ne m'inquiétait pas moins, c'était le sort des ministres de mon cousin Charles. A maintes reprises, dans mes salons et dans mes corps-de-garde, j'exprimai très énergiquement le désir de voir la peine de mort abolie; grace à Dieu, mon petit manége les sauve.

---

car j'aperçois venir ce qu'il nous faut : le stagiaire Bonnet. — Deux mots suffirent pour le mettre au courant. -- Alors Bonnet leur avoua ingénûment qu'il sollicitait une place de juge de paix à Lyon, mais qu'il désespérait d'obtenir cet emploi, attendu que Morin, le gérant du *Précurseur*, était aussi sur les rangs. Autrefois, ajouta-t-il, j'avais une puissante protection dans un jésuite missionnaire; il avait de grands bras : c'est lui qui a fait nommer Bardaut commissaire de police à Lyon; moi il devait me faire marier avec la fille d'un..... -- Il ne s'agit pas de cela, dit Me Sauzet en l'interrompant : êtes-vous des nôtres? — J'irai où vous voudrez. -- Eh bien! partons..... -- Ces trois hommes s'ébranlent et marchent. Curieux de suivre cette farce jusqu'au bout, je chemine derrière eux, et ne les perds des yeux que lorsqu'ils sont dans le grand escalier du Palais-Royal. Le lendemain, je pus lire tout à mon aise dans le *Moniteur* :

« La députation de la ville de Villefranche (Rhône) a assuré, *au nom des habitans de cette ville*, une respectueuse gratitude et une fidélité à toute épreuve *au prince généreux et bienfaisant qui a bien voulu s'arracher aux douceurs de la vie privée, et accepter la couronne de France, pour sauver le pays de l'anarchie*. Cette députation était composée de MM. *Bonnet et Sauzel, avocats à Villefranche*, et de M. le *baron de Waushone*.

Quelques jours après je lus encore dans le *Moniteur* :

M. *Sauzet*, avocat à Villefranche, est nommé *conseiller à la cour royale de Lyon*.

M. le *baron de Waushone* est nommé *procureur du roi à Villefranche*.

Bonnet, *zéro*.

On se rappelle sans doute que le *baron de Waushone est fils de l'ex-déesse Raison Sain-Rousset, baronne de Waushone*. Et voila ce que c'est!

(*Note de l'éditeur*).

Une fois débarrassé de cet étrange procès, je m'entoure de tous les hommes de l'empire à qui un maître est indispensable, et je chasse de leurs fonctions tous ceux qui veulent penser par eux-mêmes et non par moi; ce fut l'affaire d'un instant.

Mais comme un roi doit toujours s'appuyer sur quelque chose, et comme depuis long-temps j'avais observé que *la bourgeoisie-financière* visait à culbuter l'aristocratie nobilière pour se mettre à sa place; comme je savais pertinemment que cette *bourgeoisie-financière* trouverait tout mal tant qu'elle ne serait pas la première classe; tout bien pesé, tout bien calculé, je me décidai à lui donner la suprématie. A la vérité, SA FORTUNE DATE --- *du maximum*, *des dénonciations et des faux assignats*; et SON COURAGE, --- *de la réaction thermidorienne et des compagnies de Jésus*, *du Soleil et des Chauffeurs*, mais ici comme toujours, j'ai subi la loi de la nécessité.

Sans perdre plus de temps, il me fallait gouverner convenablement: j'appelle donc à mes côtés, Périer, Sébastiani et Barthe, qui se font un scrupuleux devoir d'écouter mes projets avec la plus religieuse attention, et me jurent sur l'honneur de mourir, s'il le faut, pour les défendre. Je ne vous parle pas de Montalivet, c'est un enfant.

Pendant que mes plans s'organisent et que les 221 me votent force douzièmes provisoires, une foule de publicistes de pacotille se donnent tous le mot d'ordre pour soutenir effrontément que les 221, qui étaient bien à moi puisque je les avais achetés, devaient être renvoyés. Pour prouver leur dire, ils ergotaient ainsi: de même que le droit s'oppose (entendez-vous, mon cousin, le droit!), de même que le droit s'oppose à ce qu'une chambre législative se transforme en chambre constituante, de même une chambre constituante ne saurait se transformer en chambre législative; donc, les 221, *constituans par fraude*, *par adresse et par corruption*, *ne se perpétuent en législateurs que par la plus infame spoliation*; donc, il eût été de leur honneur d'imiter l'assemblée législative qui après la chute de la royauté, au 10 août, se borna à prononcer la déchéance de Louis XVI, et à convoquer une convention nationale munie de pouvoirs réguliers pour constituer. A toutes ces petites déclamations, j'ai répondu par le cachot et par des amendes de 10 à 12 mille francs (1).

Sans négliger mes autres intérêts, je *prends provisoirement dans le trésor dix-huit cent mille francs par mois de liste civile, parce que ce qui est bon à prendre est bon à garder*; je recueille la succession du prince de Condé, MORT DANS LES BRAS de mon excellente amie madame la baronne de Feuchères; je fais souscrire à mon emprunt national de 120 millions tous les badauds de Paris et des départemens, ce qui ne m'empêche pas d'en ouvrir un second aux criées, et au lieu de 120 millions, j'en palpe deux cent quarante; et mes coffres et l'ordre légal s'en trouvent bien !...

Vous parlerai-je, mon cousin, de mon heureux système de non-intervention, de ma paix à tout prix, et de mon adresse à ménager les sympathies bruyantes qu'excitaient vos Polonais. Mais, quand il a fallu parler, j'ai parlé. N'ai-je pas déclaré, par l'organe de Sébastiani, *que la Pologne était destinée à périr ?* plus tard, quand vous eûtes châtié vos serfs, ne déclarai-je pas encore *que l'ordre régnait à Varsovie ?* vous le voyez, mon cousin, j'ai toujours été l'homme des circonstances, je n'y ai jamais manqué.

Le pape me mande qu'il manque de gendarmes à Ancône; -- je lui envoie des soldats. L'Angleterre m'ordonne de lui expédier vingt-cinq mille hommes en Belgique; -- je les lui expédie. Elle me dit de les retirer; je les retire. Le duc de Modène m'écrit des choses très-mortifiantes et vous m'enjoignez de me taire; je me tais. Vous me défendez de sanctionner la loi sur les grades des cent-jours; -- je ne la sanctionne pas. Vous ne voulez pas qu'on célèbre l'anniversaire du 14 juillet; on ne le célèbre pas. Ni celui de Na-

---

(1) Ici *Louis-Philippe* oublie de dire que *les 219 fripons qui lui ont vendu la France*, se sont cru obligés, en bons et fidèles vendeurs, de lui bâcler une loi prononçant amende et prison contre tous ceux qui contesteraient *la validité du marché*. C'est avec cette loi que *l'effronté coquin* (je parle de *Louis-Philippe*) m'a condamné à *cinq ans de prison*, parce que je lui ai reproché sa *sérénissime escroquerie*. -- L'histoire *honorera-t-elle* donc *Louis-Philippe* du titre d'*usurpateur?* -- Non : il sera pour elle ce qu'il est pour nous, un ESCROC, et rien de plus ! (Note de l'éditeur.)

poléon ; — on ne le célèbre pas non plus. Que je tue les célébrans ; — JE LES TUE !

Un instant je crus que toutes ces complaisances allaient coûter cher à vous et à moi : la canaille murmurait fort ; mais par bonheur, je trouvai dans des émeutes organisées par mes soins, une diversion fort heureuse qui, jetant la peur dans l'ame de ma bourgeoisie, la fit se serrer autour de mon trône et de son corps me faire un rempart. Feignant alors d'oublier que j'avais été clubiste en 91, 92 et 93, et que plus d'une fois je parcourus les rues à la tête des faubourgs ; je rappelai ces temps déplorables qu'on voulait ramener ; je parlai encore de pillage de propriétés, d'incendies, de guillotine, et la bonne *bourgeoisie*, *se rappelant d'où lui vient sa fortune*, de s'épouvanter beaucoup et de m'appeler son sauveur.

C'est sous cette heureuse influence que s'arrangèrent les élections de 1831 ; aussi, jamais roi constitutionnel n'eut une meilleure chambre. Elle fait honte à celle de 1815 et à celle des trois cents ! elle ne m'a rien refusé, quoi ! tout ce que je lui ai demandé en liste civile, en apanages, en pensions pour mes fils, en dots pour mes filles, en châteaux, en diamans, en fonds secrets ; elle m'a tout donné sans compter ! Elle m'a encore donné un budget de quinze cents millions et un emprunt de quatre cents millions ! Il est vrai de dire que j'ai grassement payé la majorité ! oh ! cette majorité serait-elle assez bonne si elle n'était pas si *gueusarde!* car si je la croyais, je lui donnerais tout, je ne garderais rien pour moi !

Je me hâte d'arriver, mon cher cousin, à un événement que je regarde comme très important dans mon système gouvernemental, quoiqu'il ne soit rien en comparaison de ce que je me propose; je veux parler de la suspension de la charte et de la mise en état de siège de Paris. Depuis bien long-temps je méditais ce coup-d'état et n'attendais qu'une occasion favorable pour essayer les forces de ma royauté. Tout-à-coup on m'apprend que Lamarque est mort; présumant avec raison que le convoi sera nombreux, il me paraît facile de tenter la fortune. Je fais donc aussitôt appeler *Thiers* et *Gisquet*, qui répondent de tout ; et, sans perdre de temps, je décide immédiatement que les dragons feront feu, et sur le peuple et sur la garde nationale non armée qui accompagnera le convoi.

Effectivement tout se fit comme j'avais ordonné; les dragons font feu, le peuple élève des barricades, crie: *aux armes! aux assassins!* etc, etc. *Mes trente milles gardes nationaux à cent sous par jour*, à qui j'avais défendu d'aller au convoi, accourent au plus vîte; — mes trente mille soldats de la ligne accourent également; --- *je monte à cheval, je distribue de l'argent; — j'ordonne un feu bien nourri contre une centaine de jeunes gens retranchés dans une église; — j'en fais jeter à l'eau une quarantaine du haut du pont d'Arcole, en pleine nuit, comme dans la tour de Nesle; --- j'en fais charger quelques douzaines au coin des rues; — j'en fais assommer par-ci par-là, je ne sais plus combien*, et au bout de vingt-quatre heures, tout est fini, il n'y a plus de combattans.

Le calme qui régnait m'importait peu; ce qui m'importait, c'était ma mise en état de siège, que j'avais résolu d'effectuer après tout danger, comme pour mieux braver l'opinion et me mettre plus royalement au-dessus des lois, de la charte et de tout! *je lance donc mes ordonnances de suspension de la charte*; personne ne dit rien. — *Je crée des tribunaux extraordinaires*, quoique la chambre me le défende; personne ne dit rien. -- *J'ordonne des arrestations de députés et ressuscite des ordonnances de Louis XIV;* calme plat. -- *Je laisse ainsi Paris dix-huit jours sous un régime de bon plaisir, pendant lesquels je fais plus de quatre mille arrestations et exécute plus de trois mille visites domiciliaires; je m'amuse encore, par passe-temps, à briser les presses de la* Tribune *et à mettre les scellés sur celles de la* Quotidienne. — Enfin, mon cher cousin, je ne saurais vous dire ce que j'ai oublié de faire pendant ces dix-huit jours qui me rappellent les plus belles pages de la vie de mes ancètres: *la St-Barthélemy, les barricades, les dragonnades, les noyades, la révocation de l'édit de Nantes, etc. etc;* si toutefois je ne laisse pas bien loin derrière moi tous ces brillans météores de la monarchie.

Mais ce n'était pas tout que le silence des habitans de Paris; -- il me fallait leurs félicitations, et *je les ai reçues!* il me fallait aussi celles de la province, et *je les ai reçues!*

— A Lyon, trois conseillers à ma cour : d'Angeville, *ex-garde du corps de Charles x ;* — Bréghot du Lhut, *ex-membre de la confrérie du Sacré-Cœur et de celle du Rosaire;* et Laval-Gutton, *ex-mouchard* de Courvoisier (1), aidés de Chaix, *ancien laquais de Chantelauze*, aujourdh'hui avocat-général près cette cour, et du *petit Chegaray*, que je me plais à appeler *mon compère* (nom bien aimé que Louis xi donnait à son cher Tristan), ont tous tant et tant remué, qu'ils ont enlevé d'emblée une adresse de félicitations.

Tous mes préfets m'ont également félicité ainsi que mes conseillers de préfecture, mes préposés des tabacs et des sels, mes commandans de places fortes et tous mes états-majors ! Par l'entremise de mes procureurs, j'ai également recu les félicitations de mes gendarmes, celles de mes agens de police et celles de tous mes sergens de ville....

Après toutes ces honorables corporations, je n'aurais garde d'oublier ma bonne bourgeoisie, qui, partout a laissé éclater une joie qui allait jusqu'au délire. Elle prouvait très-bien aux plus récalcitrans qu'un roi peut faire ce que bon lui semble, et que, le gêner dans ses volontés, telles qu'elles soient, c'est appeler l'anarchie. A Lyon, surtout, cette opinion a fait fureur dans les salons de *Clément Reyre, rédacteur d'un journal que j'ai fondé dans cette ville.* Ce Reyre, est un de nos plus estimables fabricans; son père eut l'honneur, en 1817, de faire partie des cours prévôtales qui rendirent de si grands services à la royauté.

Pourquoi faut-il que ma cour de cassation ait poussé l'impudence jusqu'à mettre le désaccord dans ce concert de louanges ? L'insolente ! ne pas marcher sur les traces de Séguier ! ne pas imiter l'exemple de ma cour royale de Paris !.. Après tout : que m'importe ma cour de cassation ? n'ai-je pas pour moi l'essentiel; mes braves, mes fidèles, mes loyaux,

---

(1) Ce Laval, ex-procureur du roi à Villefranche (Rhône), fut pendant dix ans qu'il occupa ce poste, le mouchard le plus intrépide de l'arrondissement. *Juges de paix, notaires, huissiers, les membres même du tribunal où il siégeait*, rien n'échappa à ses petites délations. On ferait des volumes des turpitudes de cet homme qui, de jésuite noir et bien noir, s'est transformé en jésuite tricolore : il n'a fait que changer de peau. *(Note de l'éditeur).*

ma tant bonne majorité parlementaire de 1831?... Voyez cependant jusqu'où va la calomnie, mon cousin! on voulait m'épouvanter de cette majorité! les charivaris l'avaient changée, disait-on; on me la peignait factieuse, anarchique! De tous ces bons bourgeois députés, on faisait des Séides de la charte! on me les représentait indignés de mes joyeusetés de juin! mes ministres devaient être censurés très-aigrement, accusés même..... Que sais-je encore? mensonges, mensonges atroces que tout cela! vous l'allez voir, mon cousin.

Ayant besoin de beaucoup d'argent pour moi, et notamment pour *Othon, que vous établissez en Grèce, et aussi pour ouvrir le passage de l'Escaut à l'Angleterre*, j'assemble ces prétendus incorrigibles, ces vengeurs de tous les droits, et sans plus de façon je leur parle ainsi: Messieurs, j'ai fait telle chose parce que telle était ma volonté; j'ai fait telle autre chose parce que telle était encore ma volonté. — A quoi ils me répondent très-respectueusement: Ah! *sire, combien nous rendons grâce à votre sagesse etc.*; — du reste, je me suis abstenu d'entrer avec eux dans aucun détail de politique extérieure, cela ne les regardant nullement, et, comme vous me l'avez prescrit, je me suis tû sur *Alger*, *sur Ancône*, *sur l'Espagne*, *sur la Pologne*, *sur don Miguel*, *sur don Pedro*, *etc.*; comprenant parfaitement que votre majesté voulant bien prendre le soin de régler tous ces intérêts, mes majorités n'avaient rien à y voir.

Voila où j'en suis avec mes majorités que j'ai renforcées d'une vingtaine d'hommes, *Jollivet* et quelques autres. Je tenais surtout à *Jollivet afin d'éviter une scène pareille à celle qu'il fit à Périer l'année dernière, à l'ouverture de la session.*

A propos d'ouverture de session, vous saurez, mon cousin que j'ai jugé à propos de faire précéder celle-ci d'une petite scène très-innocente qui m'a gagné au moins quinze voix. Je dis gagnées, parce que celles-là au moins, je n'ai pas eu besoin de les acheter; elles m'ont coûté en gros et en détail, un coup de pistolet à poudre tiré à bout portant! *ajusté par un bousingot c'était fait de moi, mais c'était un mouchard.....*

Après vous avoir informé de tout ce que j'ai fait, il me

reste à vous entretenir de ce que je veux faire. Mais avant de vous communiquer mon plan politique, laissez-moi, mon cousin, protester de toute la force de mon indignation contre ces bruits infâmes répandus avec tant de perfidie dans les cours étrangères, ne tendant rien qu'à me déconsidérer, et à me perdre, en insinuant méchamment partout, que je suis roi de France par la grâce du peuple! ô mon cousin! devais-je m'attendre à cette honteuse supposition! Qui? moi! roi de France par la grâce du peuple! mais à quelle époque le peuple m'a-t-il nommé son roi? quand m'a-t-il demandé? quand m'a-t-il accepté? où l'ai-je consulté pour m'asseoir sur le trône de France? ne me suis-je pas au contraire imposé à ce peuple anti-royal, à ce peuple démagogue, ingouvernable? et si le peuple n'a point exercé de souveraineté, l'ai-je laissé écrire quelque part cette souveraineté? je défie hautement mes calomniateurs de prouver leurs calomnies! non, je ne suis pas l'élu du peuple et ne voudrais pas l'être! je ne tiens rien de lui! ce que je tiens, je le tiens de mes bien-aimés cousins qui m'ont jugé digne d'entrer dans la sainte famille des rois! au peuple je ne dois rien! à mes cousins d'Europe je dois tout!

Elu du peuple! mais si j'étais élu du peuple, ce peuple eût-il été assez niais, assez stupide pour annihiler sa souveraineté?... Qu'a-t-il fait ce peuple? quelles lois? quels budgets? A ceux qui m'accusent de trôner en vertu d'un prétendu droit de souveraineté populaire, je leur réponds: j'ai 33 millions de sujets; sur ce nombre, 32 millions 850 mille sont *ilotes*, *prolétaires*, *serfs* ou *vilains*, ne travaillant que pour la splendeur de mon trône et l'éclat de ma race; — les 150 mille restans, sont les créatures les plus soumises et les plus souples, n'ayant de fantaisies que les miennes et de volontés que les miennes! En vérité, mon cher cousin, plus je cherche, plus j'examine et plus je vois qu'il n'y a en France d'autre souveraineté que la mienne, et que celle du peuple dont on fait tant de bruit dans les cours étrangères, ressemble fort au conte de Barbe-Bleue.

Me chicanera-t-on sur ma charte à présent? eh bien! de bonne foi qu'est cette charte? une misère, un vrai chiffon que je puis déchirer quand bon me semble. En septembre 1830, ne vous informai-je pas que je n'exécuterais pas plus ma charte que mon programme? ai-je tenu parole? on me croyait donc moins hardi que mon cousin Ferdinand? mais si mon cousin Ferdinand s'est moqué de ses promésses, de la constitution et des cortès, étais-je moins que lui en position de me moquer de mes promesses, de ma charte et de mes sujets? Au reste, mon équipée de juin répond suffisamment à tous les reproches qu'on pourrait m'adresser à cet égard.

Cependant, pour mieux faire sentir à mes bien-aimés cousins ce qu'ont de fragile les attaques dirigées *contre ma charte et contre mon régime représentatif*, — je vais un instant supposer l'impossible, car je vais supposer qu'il me convînt de me renfermer dans la lettre et dans l'esprit de cette charte. A leur compte, sans doute, ma puissance serait alors très bornée? Elle serait si peu bornée qu'elle égalerait encore, si elle ne surpassait pas celle du monarque le plus absolu.

Un de leurs plus forts argumens contre cette pauvre charte, c'est que suivant eux, elle paralyse toute volonté royale et que les chambres font tout! Je leur en demande bien pardon, mais les chambres ne font rien, absolument rien! car, *comme vous*, *mon cousin*, *comme mon cousin de Prusse*, *comme mon cousin d'Autriche et comme tous mes bons cousins d'Europe :*

Je suis le chef suprême de l'état.

Je commande les forces de terre et de mer ;

Je déclare la guere ;

Je fais des traités de paix, d'alliance et de commerce ;

Je sanctionne la loi ;

Je fais grâce aux assassins de bonne compagnie ;

Je fais rendre la justice en mon nom, par des hommes que j'ai choisis ;

Et par dessus tout :

Je suis sacré et inviolable, c'est-à-dire, **IMPUNISSABLE.**

Maintenant m'indiquera-t-on ce que font les chambres et ce que sont *leurs longs barbouillages si je ne les sanctionne pas?* Disposent-elles des armées, les chambres? Ai-je besoin de les consulter pour aller soutenir ou le pape, ou mon gendre? Pour faire des marchés de fusils qui me rapportent des millions de pot-de-vin ? Pour arranger des transactions sous la cheminée avec telle ou telle puissance ? (1) Pour conclure ou la paix ou la guerre? Pour imposer partout ma volonté, rien que ma volonté? Les chambres! c'est une affaire de forme et rien de plus.

Vous le voyez, mon cousin, en restant dans ma charte, il n'est rien que je ne puisse oser, rien que je ne puisse entreprendre! elle m'en donne le droit. Cependant, je vous le dirai avec franchise, il répugne à ma fierté de roi d'entendre répéter tous les jours : la charte défend telle chose; elle ordonne telle autre. Aussi, pour mettre fin à toutes ces discussions factieuses, vais-je faire disparaître de cette charte tous les articles qui prêtent des armes aux anarchistes.

Long-temps j'ai réfléchi pour savoir si je ne devais pas anéantir cette charte à tout jamais, et remplacer mes chambres par des états-généraux tenus de loin en loin, où, comme dans l'ancienne monarchie, il eût été permis aux députés bourgeois de m'adresser *de très humbles supplications à genoux*. D'abord, ce projet m'a beaucoup souri; mais j'ai dû le rejeter quand je me suis rappelé qu'autrefois par de pareils moyens mes ancêtres levaient à très grande peine des budgets de cent à cent cinquante millions.

Autre difficulté : dois-je mutiler moi-même ma charte par des coups-d'état comme celui de juin, ou dois-je charger de ce soin mes majorités ? Il serait plus digne de moi, je

---

(1) Comme je n'avance rien que je ne puisse prouver, et comme mon cousin pourrait croire peut-être que j'enfle à plaisir les avantages de mon gouvernement représentatif, je consigne ici le fait suivant :

En 1831, l'abbé Louis, mon ministre des finances, vint me trouver et me dit: Sire, l'Amérique réclame depuis plus de trente ans vingt-cinq millions qu'on ne lui doit pas, et que, ni Bonaparte, ni Louis XVIII, ni Charles X n'ont voulu lui payer : quel parti prendre? -- On ne lui doit rien, répondis-je, pas un sou? -- Oh! pas un denier, répartit l'abbé Louis. -- Puisqu'on ne doit absolument rien, *offrez 12 millions, et faites-vous remettre une quittance de 25 millions*. Si l'on accepte, ce dont je ne doute pas, *prenez alors vingt-cinq millions au trésor* que vous emploirez ainsi : 12 *millions pour l'Amérique*, *un million pour Sébastiani*, *un million pour Montalivet*, *et un million pour vous*, parce que tous trois vous connaissez cette affaire, et *les dix millions restant*, *vous me les apporterez vous-même en billets de la banque d'Angleterre*, si cela vous est possible. Comme il fut dit IL FUT FAIT. *(Note de Louis-Philippe).*

le sens, plus digne aussi du trône que j'occupe, de ne rien devoir qu'à moi-même : cependant, il m'a paru plus adroit et surtout plus politique d'en charger les 221. Non que je redoute une catastrophe pareille à celle de Charles x! Dieu merci, mes précautions sont prises, et je brûlerais Paris plutôt que de le quitter pour n'y plus revenir; mais la raison majeure, la raison capitale qui m'impose le devoir de me servir de mes majorités, c'est que par là je fais mieux voir à mes cousins d'Europe ce qu'est un gouvernement constitutionnel représentatif, et quelle fut la maladresse de mon cousin Charles vis-à-vis de ces 221.

Dans ses mains, ces 221 ne furent que des rebelles et des factieux; dans les miennes, ce sont les sujets les plus soumis et les plus souples! Ils se mutinèrent contre lui sur le choix de ses ministres et de ses aumôniers? ils se prosternent devant les miens. — Ils lui contestèrent l'opportunité de l'article 14. — Quoique je n'aie pas d'article 14, ils me comblent de respectueuses félicitations sur tout ce qu'il me plaît d'ordonner et d'entreprendre : *Tribunaux extraordinaires*, *assassinats*, *noyades*, *etc.* — Ils lui firent un crime d'avoir mis Paris en état de siége; ils me remercient à genoux d'avoir fait la même chose. — Sous lui, ils péroraient contre les abus, contre les cumuls et contre les monopoles; sous moi, ils vantent tout cela comme choses inhérentes à tout bon gouvernement, à toute société civilisée. — Sous lui, ils parlaient de la misère du peuple avec attendrissement et les larmes aux yeux; sous moi, ils en rient. — Sous lui, ces 221 étaient de vrais démons; sous moi, ce sont de véritables eunuques, du moins ils en ont la docilité : et voilà pourquoi je me servirai de ces 221.

A la vérité, ma chambre des pairs, un peu moins compacte (je veux dire *moins bourgeoise*) que ma chambre des députés, essayera peut-être de m'entraver, comme elle vient de le faire, en bistournant et disloquant à ne plus la reconnaître, ma loi sur l'état de siége. Cela est loin de m'effrayer, car pour avoir une majorité raisonnable dans ma chambre des pairs, il me suffit d'y introduire trente à quarante *pairs bourgeois ; avec un pareil renfort composé de la plus fine de ma bourgeoisie : Madier*,

Fulchiron, *Rambutteau*, *Prunelle*, *etc.*, *etc.*, ma loi sur l'état de siége passe sans opposition; — ma chambre des pairs est à la hauteur de ma chambre des députés, et mon gouvernement représentatif va comme sur des roulettes.

Ma loi sur l'état de siége est pour moi une chose très importante, mon cousin, car, par cette seule loi, j'enlève à cette pauvre charte cinq ou six articles des plus importans!

Mais *j'ai juré d'observer fidèlement la charte!* mais j'ai dit: *une charte sera désormais une vérité?* je n'en disconviens pas, mais qui veut la fin veut les moyens.

A l'époque, j'essayai bien d'escamoter la charte en même temps que le programme: cela ne me fut pas possible: c'était d'ailleurs jouer trop gros jeu, et c'était en outre d'une grande maladresse; je prêtai donc le serment de la meilleure grâce du monde, tout en me promettant tout bas de rafistoler cette charte à ma manière, dès que le temps serait venu.

L'expérience me prouve aujourd'hui que j'ai bien fait d'attendre et de temporiser, car si voulant trop brusquer les choses, je me fusse montré tel que je voulais être plus tard: c'en était fait du repos de l'Europe et de l'avenir des monarchies.

La France, me suis-je dit en montant sur le trône, a de grands scandales à se faire pardonner: la mort d'un roi et l'expulsion d'un autre; — ses guerres dévastatrices de la république et ses exploits avantureux de l'empire; — ses incartades insensées dans toutes les capitales de l'Europe et la dépossession de la plus grande partie de ses rois, et l'absence de tout respect, de toute vénération pour leur caractère sacré! — Tant que d'aussi grands crimes seront à expier, me suis-je dit encore, le peuple gardera toute son insolente fatuité, toute son arrogance superbe, et le sceptre royal n'aura ni solidité, ni gloire, ni puissance.

Il appartenait sans doute à la restauration d'apprendre au peuple que tôt ou tard la main de Dieu frappe les sujets rebelles; mais soit faiblesse, soit indolence, elle ne fit rien, ou à peu près rien.

Si donc au lieu de s'entourer d'hommes d'intrigue, la

plupart impotens et goutteux, elle se fût comme moi, entouré d'hommes d'onction; si elle eût acheté les 221 qui ne demandaient qu'à se vendre; si au lieu de faire en quinze ans, un seul et unique procès au *Constitutionnel*, elle lui en eût fait soixante-quinze par année, comme moi à la *Tribune*; si au lieu d'avoir à Paris un ou deux journaux à sa disposition, elle en eût comme moi dix ou douze, et une centaine dans les départemens; si au lieu de licencier la garde nationale de Paris, elle eût, comme moi, enrôlé 30 mille hommes à cent sous par jour; si au lieu d'envoyer des missionnaires dans les villes et dans les campagnes, elle eût comme moi envoyé des mouchards; si au lieu d'entretenir des jésuites à St.-Acheul et à Mont-Rouge, elle eût, comme moi, entretenu des sergens de ville bien vigoureux, bien dévoués et bien payés, le trône de Louis XIV, bien loin d'essayer un tel affront, devenait grand entre les plus grands trônes; — *et toutes ces petites dépenses, qui les paie? le peuple.*

Que de fois je fus tenté d'aller me jeter aux pieds de mon cousin Charles pour lui adresser de respectueuses observations; mais un je ne sais quoi me retint toujours........ Enfin, il se décida pourtant à agir en roi; c'était trop tard. Le prestige qui doit toujours environner les volontés royales avait disparu; aussi, le peuple osa-t-il murmurer quand il aurait dû s'incliner et se taire...... Le reste, vous le savez.

Il est de mon devoir, de ma dignité et de l'intérêt de tous les rois de la sainte-alliance, qu'un exemple aussi funeste n'apparaisse aux peuples dans quelques années que comme un récit fabuleux: j'y parviendrai! Car aujourd'hui, mon cousin, comme vous je comprends qu'un roi n'est grand que par la misère et l'avilissement de son peuple; — comme vous je comprends qu'un peuple fier et heureux est un très mauvais peuple, — et qu'un monarque ne saurait veiller avec trop de soins à entretenir la misère chez ses sujets et à les avilir par tous les moyens possibles! Encore une ou deux sessions, mon cousin, et mon peuple sera un vrai peuple-modèle!

M'adresserez-vous encore des reproches, à présent? Suis-je toujours ce roi bourgeois, ce roi camarade, ce roi à bon marché que vous méprisiez si fort?.... Ai-je assez racheté mes poignées de main, mon chapeau gris, mon rifflard de coton, mes verres de réglisse, mes paquets de cigarres et mes accolades fraternelles de l'Hôtel-de-Ville?... Parlez, mon cher cousin, parlez, car je ne veux suivre que vos bons, vos excellens conseils, et ceux de mon auguste, de mon vertueux père. Mon fils, me disait-il souvent, n'oublie jamais ces paroles mémorables du grand Richelieu, véritables phare des monarques : *qu'un roi ne doit s'entourer que de fripons et ne fuir rien tant que les honnêtes gens!* Si tu montes jamais sur le trône, continuait-il, rappelle-toi aussi *que l'arme la plus puissante dans les mains d'un roi, c'est la corruption : avec la corruption, il n'est rien dont un roi ne puisse venir à bout! corruption et fripons, fripons et corruption :* voila en deux mots, ajoutait-il, toute la science gouvernementale.

Ce digne père avait grandement raison, mon cher cousin, car sans la corruption et sans les fripons, je ne sais pas trop où je donnerais de la tête. Heureusement, *je trouve amplement à corrompre, et mes salons et mes chambres pullulent de fripons : cela me console un peu de mes anarchistes.*

A propos de corruption et de fripons, j'oubliais de vous dire que j'ai pris des arrangemens avec mes majorités parlementaires ; elles sont payées pour trois ans ; j'en ai les quittances portant toutes que mes budgets, mes emprunts, ma loi sur l'état de siége et toutes mes lois d'exception, seront votés d'enthousiasme et sans aucune espèce de discussion ! Par le contrat sous seing-privé qui me livre les votes, opinions et discours ; les : bravos ! les à l'ordre ! les oh ! oh ! les ah ! ah ! les eh ! eh ! les hi ! hi ! et les longs ricanemens de mes députés et de mes pairs pendant le temps susdit, je paie à chacun une somme assez ronde et m'engage en outre à mettre à sa disposition pour ses fils, gendres, neveux ou cousins, tous les emplois qu'il lui plaira me demander, soit *dans l'administration, dans l'armée, dans les finances, dans la magistrature, dans la police, dans ma garde-robe, dans ma bouche ou dans mes écuries !* — Je puis vous le dire en conscience, mon cher cousin, jamais marché ne s'exécuta avec plus de loyauté et de délicatesse; ils s'applaudissent tous de moi, et moi, je m'applaudis d'eux tous!

Ces jours derniers, pour les mettre en haleine, je leur fis voter trois douzièmes provisoires, c'est à dire trois cent cinquante ou quatre-cents millions, c'est à ma volonté. Eh bien, mon cousin, je défie votre cosaque le plus alerte de donner dans le même espace de temps dix coups de bâton à un polonais. A peine Humannnnn eût-il dit: *tonez fite drois toussièmes brofissoires, le roâ y la gomanté!* — LES VOILA! répondirent mes hommes, et ce fut une affaire faite.

Je prévois votre objection, mon cousin, vous allez sans doute me dire que je n'aurai pas toujours ces mêmes hommes à ma disposition, parce qu'à l'expiration de leur mandat mes électeurs ne les réélliront pas. O mon cousin! que vous connaissez peu les rouages de mon gouvernement représentatif! mais vous ne savez donc pas que je dispose de mes électeurs comme de mes députés! que dis-je, comme de mes députés?.... à bien moins de frais, vraiment! vous l'allez comprendre de reste.

J'ai 150 mille électeurs. Pour avoir la majorité dans mes colléges électoraux, il me suffit d'en amadouer 90 à 100 mille, ce qui n'est pas très difficile, avec les 1,500 mille emplois dont je dispose, car tous ces électeurs sont ambitieux; ils ont des fils à établir, des filles à marier, et sont toujours très disposés à troquer leur conscience contre des perceptions ou contre des entrepôts de tabacs qui assurent l'avenir de leurs enfans: voila mon nœud gordien!

Vous aviez cru peut-être, ajoutant foi à cette exécrable calomnie de souveraineté populaire, que tous les anarchistes pouvaient voter dans mes colléges électoraux, et qu'au lieu de 150 mille électeurs, j'en avais sept à huit millions? mais, mon cousin, si j'avais plus de 150 mille électeurs et si je n'avais pas à ma disposition quinze cent mille emplois, *je déserterais ma royauté*, comme en 93 je désertai mon poste.

Par tout ce que je vous mande, mon cousin, vous pouvez voir clairement si je suis tel qu'on m'avait peint à vos yeux, car, dans ce court exposé de ma vie, je ne me suis fait ni meilleur ni plus mauvais que je ne suis. Aussi, mes démagogues, qui aujourd'hui me connaissent parfaitement, exploitent-ils les moindres événemens avec une malignité vraiment diabolique. Cependant, comme l'a très bien observé mon *Journal des Débats*, jamais la rage des anarchistes ne se montra plus délirante que ces jours derniers, à propos d'une déclaration de ma nièce, la duchesse de Berry, insérée par mon ordre dans mon journal le *Moniteur*. Dans cette circonstance, leur audace n'a point eu de bornes : ma femme, mes filles mêmes qu'environnent l'éclat de mon trône et les lauriers de leurs frères, n'ont pu être à l'abri de leurs insultes !... Mais à moi, à moi surtout, quel outrage ont-ils épargné ? les maudits braillards ! ont-ils assez tourné et retourné ce thême : que sur ce chapitre-là, le dernier des misérables pourrait me donner une leçon de convenance et de probité ? que les liens du sang imposent des devoirs que l'ambition la plus dévergondée ne doit jamais méconnaître ? qu'au surplus, de pareilles infamies ne se voient que dans les cours ?.... Mais que parle-t-on ici de nièce et de parenté ? ce préjugé vulgaire enchaîna-t-il jamais les rois ? vous empêcha-t-il, mon cousin, de donner *certain breuvage* à votre frère Alexandre ? empêcha-t-il mon père de voter la mort de son cousin Louis XVI, et m'empêcherait-il, si mes intérêts l'exigeaient, de donner madame de Feuchères à ma nièce, pour dame de compagnie ?...

La duchesse de Berry ma nièce ! non, elle ne le fut plus du jour qu'elle voulut me ravir mon trône, et quel trône ! un trône que j'ai couvé des yeux pendant 40 ans ! un trône qui m'a coûté tant de soins, tant de sacrifices d'amour-propre !... Quoi, j'aurais été tour-à-tour *jacobin*, *cordelier*, *clubiste*, *aboyeur de tribune* (1), *déserteur*, *espion* ; — *j'aurais vendu une armée* ; — *j'aurais livré quatre con-*

---

(1) Un jour le duc de Chartres, aujourd'hui Louis-Philippe, cria dans une tribune de l'assemblée nationale :

« *Oui, oui ! il faut des lanternes !* Ces atroces paroles prouvent que le « fils est digne du père. C'est pourtant ce jeune homme, élevé dans les « principes des Héliogabale, qu'un parti voudrait aujourd'hui placer « sur le trône des Français. Si cette humiliation arrivait à notre pays, « l'exil, la mort même, serait préférable à une telle domination. »

(Histoire de la conjuration d'Egalité ; Paris, 1800, tome 3, page 169). (*Note de l'éditeur.*)

ventionnels ; — j'aurais sacrifié mon père ; — j'aurais porté les armes contre mon pays ; — j'aurais acheté des hommes qui à Waterloo ont dit : Nous mourons, mais nous ne nous rendons pas ; — j'aurais été franc-maçon, carbonaro ; — j'aurais fait mille tours de passe-passe en juillet ; — j'aurais volé un programme républicain et berné le peuple qui voulait la république ; enfin, suivant les temps et dans toutes les circonstances, j'aurais varié mes couleurs, comme un reptile qui rampe au soleil, pour me voir disputer le fruit de toute ma carrière, par ma nièce !...

Je ne vous le cacherai pas, mon cousin, j'avais à cœur de la faire juger, afin de la punir de ses témérités, et aussi, pour prouver à mes démagogues que j'étais maître en France. Mais puisque mes bons cousins en ont ordonné autrement, Dieu me préserve jamais d'aller contre leurs volontés ! je sais trop ce que je dois de haute et respectueuse déférence à leurs ordres; aussi pour m'y conformer comme par le passé, me suis-je empressé, à la réception de leurs lettres, d'ordonner à mes majorités de repousser l'accusation.

A cette nouvelle, tous les ergoteurs journalistes de se déchaîner contre moi avec une nouvelle furie, de prétendre que je n'avais pas le droit d'arrêter le cours de la justice, et que ma nièce devait être jugée attendu que la loi est égale pour tous ! les idiots ! croire bonnement que la loi est égale pour tous, parce qu'ils l'ont vu dans ma charte ! au reste, comme je vous l'ai dit plus haut, je me soumets avec une entière et aveugle résignation aux augustes volontés de mes cousins ; ils n'auront pas l'humiliation d'être traînés sur la sellette comme des accusés ordinaires, dans la personne d'une de leurs cousines. Mais comme il faut cependant que je prenne mes sûretés, je la ferai garder à vue dans mon château de Blaye ; elle sera pour moi un ôtage contre les entreprises des légitimistes.

A Dieu ne plaise pourtant, mon cousin, de jamais rien faire qui contrarie votre immuable volonté. Je garderai donc ma nièce si vous le voulez — je ne la garderai pas, si vous ne le voulez pas. Que si cette espèce de captivité dans laquelle je désirerais la tenir, vous semblait un attentat à la dignité de ses cousins et de ses cousines, j'oserai alors vous rappeler que c'était bien du sang royal qui coulait dans les veines de l'*homme au masque de fer*, et que pas un de ses cousins ne se regardât humilié de ses propres humiliations.

Avant de terminer cette lettre, déjà trop longue sans doute, j'éprouve encore le besoin de vous rassurer sur les projets révolutionnaires qu'on prête à mes sujets. Mes sujets des projets révolutionnaires? Ah! c'est les calomnier trop gratuitement! Croyez-moi, mon cousin, mes sujets sont maintenant les meilleurs sujets du monde, et à vous parler franchement, je ne les changerais pas contre des sujets russes ou autrichiens.

Pour être vrai, il faut dire qu'autrefois c'étaient de tristes sujets; sous la république, sous l'empire encore, alors qu'ils dictaient insolemment des lois à toute l'Europe! mais, aujourd'hui ce n'est plus cela: ils ne dictent de lois à personne! au contraire, je leur en dicte moi, et de fort dures, dont ils s'accommodent sans broncher.

C'est néanmoins un de mes derniers étonnemens que des hommes qui ont fait trembler le monde, tremblent à leur tour devant moins que rien, puisqu'ils tremblent *devant mes majorités et devant mes mouchards!....* Est-ce engourdissement, effroi ou lâcheté?.... Tous les jours, je m'adresse ces questions sans pouvoir les résoudre.... je m'y perds!....

A la vérité, en jetant un coup d'œil sur la Grèce qui des lois de Lycurgue et de la morale de Socrate est arrivée au régime constitutionnel d'Othon, — et sur l'Italie qui de Cassius et de Brutus est passée au cardinal d'Albany, je m'explique un peu le sommeil de mes démagogues.

Cependant, je me l'explique mieux encore en songeant que deux fois ils se laissèrent envahir par vos armées et celles de mes bien-aimés cousins, sans opposer la moindre résistance; cédant de fort bonne grâce et leurs femmes et leurs filles, et leurs lits à vos cosaques; — recevant la schelague sur les places publiques, sans se plaindre, et donnant des bals à vos officiers d'état-major; — fournissant gaîment à toutes vos réquisitions de vin, de pain, de viandes, de cuirs et de draps; — vous comptant sans se faire prier, un milliard pour vos frais de guerre et acceptant les traités de 1815 comme un riche présent; quand je me rappelle tout cela, mon cousin, oh! alors, *mes majorités parlementaires et mes mouchards* me paraissent plus que suffisans pour gouverner.

Toutefois, les rois d'Europe ne sauraient trop bénir la providence des heureux changemens qu'elle a opérés dans l'esprit de mes sujets; car s'ils avaient seulement quelques gouttes du sang de leurs pères dans les veines, *mes mouchards et mes majorités* ne verraient certes pas beau jeu; *moi, je n'échapperais ni à un* 10 *août, ni à un* 21 *janvier*, et, si de leur côté, mes fils voulaient tenter de refaire un second Coblentz, comme à cette époque, la France pourrait bien encore trouver 14 armées pour les lancer comme autant de lionnes furieuses.....

Oui, mon cousin, les anarchistes de l'époque lancèrent alors 14 armées; je dois m'en souvenir, c'est immédiatement après ma désertion. A peine venais-je de confier à mes cousins de Prusse et d'Autriche tous les plans de campagne, toutes les forces approximatives de la république ainsi que les quatre conventionnels dont je vous ai déja parlé, que, tout-à-coup et comme par un enchantement infernal, la France entière devient soldat. — *Les jeunes gens volent aux combats; les hommes mariés forgent les armes et transportent les subsistances; les femmes font des tentes, des habits et servent dans les hôpitaux; les enfans mettent le vieux linge en charpie; les vieillards eux-mêmes se font porter sur les places publiques pour exciter le courage des guerriers, prêcher la haine des rois et l'unité de la république;* enfin, pour comble d'horreur, le bataillon organisé dans chaque district se réunit sous une bannière portant cette épouvantable inscription : LE PEUPLE FRANÇAIS DEBOUT CONTRE LES TYRANS*!*

De résister à de pareils furieux, cela n'était pas possible. Heureusement que peu de temps après le 9 thermidor arriva; puis, comme conséquences inévitables : — le directoire, — le 18 brumaire, — le consulat, l'empire, — et avec lui, un sage et vigoureux despotisme emmiellé d'un peu de gloire.

Usurpation à part : convenez, mon cousin, que Bonaparte a rendu de grands services aux rois et à la royauté? — Il a debarrassé l'Europe de la république française; — il a exilé ou fait mourir en prison tous les républicains qui refusèreut ses faveurs consulaires ou impériales; — il a rétabli sous le nom de sénat conservateur (qui a fort bien conservé ses ses pensions), les parlemens de l'ancien régime; --il a réimplanté les titres, les cordons, les faveurs, les excellences; -- il a remplacé les connétables de l'ancienne monarchie par des maréchaux de France; les édits des rois goths par des édits impériaux; -- les lettres de cachets, par son code d'instruction criminelle et ses juges d'instruction; -- d'un peuple factieux, démagogue et anarchique, il a su faire des sujets souples, faciles, rampans, élevés dans la crainte des préfets, des procureurs et des gendarmes; -- des quatorze armées de la république qui ne pensaient qu'au pays, ne voulaient se battre que pour le pays, il a su faire des soldats qui *ne connaissaient que lui*, *ne voulaient se battre que pour lui*; d'une France qui en 92 déclara au roi de Prusse *qu'elle ne traitait pas avec des ennemis qui sont sur son territoire*, il a fait une France qui a reçu les traités de 1815; d'une France qui en 93 se leva comme un seul homme pour repousser les Bourbons qui voulaient rentrer à la suite de Pitt et de Cobourg, il a fait une France qui en 1814 et en 1815 lécha les bottes de votre auguste frère amenant ces mêmes Bourbons à sa suite; -- de tout cela, mon cousin, je conclus que Bonaparte a bien mérité de toutes les aristocraties et de toutes les royautés.

Cependant, ce ne fut pas encore assez pour lui que de réduire les Français; -- il jeta aussi son regard sur tous les peuples d'Europe; prêts à oublier leur vieille fidélité et à tendre les bras à la république française que sa majesté impériale venait d'étouffer.

Je me demande en frissonnant, mon cousin, ce que seraient devenus les trônes, si Bonaparte eût propagé dans les pays qu'il a parcourus, les effrayans principes de *la convention déclarant au nom du peuple français que : Dans tous les pays qui étaient ou seraient occupés par les armées de la république, les généraux proclameraient, sur le champ, au nom de la nation française, la souveraineté du peuple, l'abolition de la dîme, des corvées, de la noblesse, etc.; -- annonceraient au peuple qu'ils lui apportent* : PAIX, SECOURS, FRATERNITÉ, ÉGALITÉ, LIBERTÉ; *le convoqueraient de suite en assemblées primaires pour créer un nouveau gouvernement, etc.*

Que seraient devenus les trônes, mon cousin, si Bonaparte, au lieu de placer Joseph à Madrid, Louis à Amsterdam, Murat à Naples, eût dit à ces peuples comme ces sataniques républicains de 93 :

Frères, nous avons conquis la liberté, et nous la maintiendrons. Nous offrons de vous faire jouir de ce bien inestimable qui vous a toujours appartenu et que vos oppresseurs n'ont jamais pu vous ravir sans crime.

Nous avons chassé vos tyrans, montrez-vous hommes libres, et nous vous garantirons de leur vengeance, de leurs projets et de leur retour.

Vous êtes dès ce moment frères et amis, tous citoyens, tous égaux en droits, et tous appelés également à gouverner, à servir et à défendre votre patrie.

Eh! tous les hommes ne sont-ils pas frères? Celui qui parcourt des régions lointaines peut-il rencontrer un homme saus être en famille, à moins qu'il ne rencontre un roi?

Heureusement pour les rois, Bonaparte se garda bien de proclamer ces maximes incendiaires si propres à révolutionner l'Europe; — loin de là, aidé de ses frères, de ses beaux-frères, de ses sœurs et de ses lieutenans bariolés ou couronnés, — il recula tellement les bornes du *régime monarchique* que ce fut une bien grande joie pour tous ces peuples quand, en 1814, ils purent tourner leurs armes contre lui, et rentrer sous le joug de leurs anciens maîtres.

Revenant à moi, mon cousin, à mon gouvernement, à mes démagogues, je vous supplie encore une fois de calmer là dessus toutes vos inquiétudes. L'ORDRE RÈGNE EN FRANCE COMME A VARSOVIE; et comme je vous l'ai déja dit, pour arriver à cet état de choses et résister à *l'invasion des barbares*, il m'a suffi de MES MAJORITÉS BOURGEOISES PARLEMENTAIRES ET DE MES MOUCHARDS.

J'aurais encore beaucoup de choses à vous mander que, pour le présent, je remets, priant Dieu, mon cousin, qu'il vous ait en sa sainte et digne garde.

Signé : LOUIS-PHILIPPE.

Plus bas : SOULT.

Pour copie conforme : JOSEPH BEUF.

QUASI-POST-FACE.

Personne, je crois, ne contestera l'authenticité de cette lettre. Pour lever tous les doutes et persuader les plus incrédules, j'avais d'abord songé à mettre l'*original* chez un notaire, à la disposition du public, afin que chacun pût se convaincre, par ses yeux, que *cette lettre est toute de la main de Louis-Philippe*, et que, éditeur consciencieux, je ne me suis pas permis la plus légère altération, soit dans le texte, soit dans les notes. — Mais plus que jamais les visites domiciliaires vont leur train; on fouille, (comme chez mon ami *Monier, qui m'a fait partager son lit, et m'a donné un asile contre les sicaires de Louis-Philippe, pendant près de cinq mois, jusqu'à la veille de son arrestation*); on fouille, dis-je, partout comme chez lui : *dans la caisse aux charbons*, *dans l'intérieur des matelas*, *dans les doublures des habits que l'on découd*, etc.; en présence donc de cet *ordre légal*, j'ai dû appréhender que des mouchards, sans respect aucun pour les nobles confidences de leur maître, vinssent empoigner son manuscrit.

Cependant, je consens encore à faire ce dépôt; mais c'est à la condition que : *tous les membres de la cour royale de Lyon, signataires de l'adresse de félicitations à Louis-Philippe sur ses assassinats de juin*, me donneront *leur parole d'honneur*, et *feront serment dans mes mains*, que les mouchards le respecteront.

Joseph Beuf, *éditeur*.

www.ingramcontent.com/pod-product-compliance
Ingram Content Group UK Ltd.
Pitfield, Milton Keynes, MK11 3LW, UK
UKHW022150190726
13855UKWH00004B/1423